Permanent Tale Med De Elskede

Digte

MÜESSER YENİAY

Oversat fra Tyrkisk/Engelsk af Yse Møller & Max Møller

MÜESSER YENİAY blev født i İzmir, 1984; Hun har vundet flere priser i Tyrkiet. Hendes bøger er

Darkness Also Falls Ground (2009),

I Founded My Home in the Mountains (oversættelse),

I Drew the Sky Again (2011),

The Other Consciousness: Surrealism and The Second New (2013),

Before Me There Were Deserts (2014),

Modern Readings in Turkish Literature (2016),

Permanent Talk with the Beloved (2017),

The Memory of Poetry: Writings on Poetics, Canon and Women (2018).

Hun har oversat poesi af Behruz Kia, Ronny Someck, Attila F. Balazs, Vietnamesiske digtere Mai Van Phan og Nguyễn Quang Thiều.

Hendes poesibøger er blevet oversat og udgivet i USA (Mundus Artium Press, *When I Slept in a Rose Petal*), Ungarn (AB-Art, *A Rozsaszedes Szertartasa*), Frankrig (Edition Bruno Doucey, *Ainsi Dicent-ils*) Indien (Bodhi) , Colombia (Silaba, *Antes de mi Habia Desiertos*), Spanien (Edicion de Jaime B. Rosa, *Poemas Selectos*), Vietnam (Vietnam Writers' Association, *Nghi le Hai Hoa Hong Trong Vuon*), Japan (*Duet of Flame*), Portugal (Poesia a Sul, *Conversa Permanente Com O Amado*). Hun var en forfatter bosat i USA, Hong Kong og Belgien.

Müesser er redaktør for litteraturmagasinet Şiirden (af poesi). Hun er i øjeblikket i gang med en phd i Tyrkisk litteratur ved Bilkent University, Ankara.

Forord

Müesser Yeniay understreger i sine digte, at i et maskulint samfund, der ydmyger kvinder, kan kvindekroppen ikke begrænses af moral, kan ikke ses som en handelsvare, tværtimod skal den respekteres. Ifølge hende er kvindekroppen ikke en vare, der skal bruges, men en følelse, et element af kærlighed.

Det er en eksistentiel dannelse, der ikke skal skammes, men som skal hyldes. Den kvindelige krop er ikke et instrument for moral. Moral er et abstrakt begreb og har intet med kroppen at gøre. Moral handler om adfærdens natur, ikke kroppe. Müesser Yeniay er imod inddragelsen af den kvindelige krop i moralen, støtten fra det maskuline samfund og den moral, der inkluderer kvinder gennem ordløse love.

Mens hun afslører sit oprør mod den sociale struktur med sine digte, udtrykker hun billeder i et æstetisk sprog: Samtidig med at hun giver mening, giver hun frihed til at skabe mening for rummet.

Hun understreger med sine "billederne" i sine digte, at kroppen og individet selv er værdifuldt. For at forstå Müesser Yeniays digte er det nødvendigt at læse de tekster, hun skriver. I en af sine tekster siger hun;

"Prosa er at være vidne til; Poesi er "at være". Mens prosa åbner en bred flade i sproget, åbner poesi en overflade til det dybe, til menneskelig eksistens... Poesi fuldender det sted, hvor filosofien ikke formår at møde menneskelige spørgsmål. Fordi at regne med tilværelsen er faktisk et lyrisk opgør."

"Billedet" af Gud bruges ofte af digteren, mens hun stiller spørgsmålstegn ved eksistensen. Det er som at stille spørgsmålstegn ved kvindens plads i de hellige bøger: Hvem er den skyldige, Gud? Det får læseren til at mærke spørgsmålet. Og i sit digt ved navn Rajm siger hun:

'Mit hjerte er den største sten, som Gud kastede på mig.'

Yse Møller

Grundlæggende Sorg

At være en kvinde

der er blevet invaderet, O mor!

de tog mit alt

en kvinde tog min barndom

en mand, min kvindelighed…

lad Gud ikke skabe kvinde

Gud ved ikke, hvordan man skal føde

her, ribben er brækket

af alle mænd

vores hals er tyndere end hår

mænd er som en begravelse

bærer os på sine skuldre

vi er under fødderne

vi fløj så let som en fjer

fra en verden til en anden

mine ord er deres

fodspor mor…

Nattens Carvansarai

I aften

her burde være

dans af ord

-I din herligheds carvansarai-

i aften er jeg lige så glad som græsset

der så solen

og fuld af eksistensen af min drøm.

Rød

Så du river mig fra min gren

mine læber er røde

- her er sommeren -

kærligheden går fremad

og kommer tilbage

som koldt vand

på øde sand

mine hænder

der trækker min krop

at nå dig

efterlader fingeraftryk

på dit blik

-denne sæson skal være haven

at røre dig-

[dig... den fjerne krop

af min sjæl]

nu skal du plukke blomsterne

der blomstrer i min krop

Kvinde

Vinden

blæser

at

fejer

      sandet

      rundt om

      ord

alle

ringer

      Gud!

jeg

tager

mig selv

fra

inde

og

sætter

det

ud

        med

        mine

        hænder.

Jeg er

stedet

hvor

menneske

er

                mindre

Gud

er

        mere.

Overdækket Basar

O stedet

hvor Gud

som en moden frugt

faldt på jorden

og styrtede ned!

lad os gå

ved at rulle vores hud op

som en silkeklud

      fra den overdækkede basar af vores smerte

Caravanserai

O jordstammen

trommer blev spillet, døre blev lukket

i campingvogne

et lys, et brød, et fad suppe

og en sæk havre til hesten

i denne gård skygge af evigt nærværende træ

mest tre dage

så en karavane med tre tusinde kameler...

på væggen en økse, en kampøkse

kroppe er varme ved pejsen

og månen vokser, som om den lægger sig

en ny dag

Slave

Efter en krig

jeg blev fanget

med kæderne

som min fletning

jeg kom fra nord

på en hesteryg

for bytte

på slavemarkedet

mine forseglede læber

aldrig åbnet

med en købmands stemme

min krop spredt ud i

fremmede hænder

jeg ventede, så min ejer

kæder mig

ind i en øde drøm

hans øjne gik ned

at se mig klart

i sløret

Lago di Como

Jeg bliver inde i mig

som en sø, der bliver i sin seng

når det bliver mørkt om aftenen

jeg ville ikke blive overrasket over min eksistens

Phoenix

Poeta pirata est

Jeg burde være en Phoenix

til tinderne

af min fantasi

jeg burde se spidserne i min horisont

og præsentere mig selv for det

aldrig ønsker jeg

noget forbliver skjult

fra mig

siden jeg kom hertil

for at se forsiden og bagved

begge drømme

og virkeligheden

Guds Hus

Vi landede

fra Guds hus

til hjertets ø

        vi blev til

vi er i jordens hus

kroppe er himmelske

Sygdom

Du slog mig

som om du slår på væggen

kvinde

er ikke din hule

hvor som helst, når du vil

du kan ligge ned

du kan ikke klatre over hende

som et egern

ikke af hans nektar

men af hans tisse

han slipper indenfor

han elsker

som om han ryster et træ

manddom

er en alvorlig sygdom

Rajm

Udenfor er det nat

indeni er det seperation

det må være den sidste dag

af verden

-at jeg tænker på ham-

kærligheden slutter...

hjertet

står tilbage som en kvinde, der blev stenet til døde

i midten af virkeligheden

mit hjerte er den største sten,

som Gud kastede på mig

Glente

Tadei um vitae

Jeg kigger

       verdenen

udenfor tid

fra intetheds ørken

til eksistensens telt

jeg er en drage

       flyver vanvittigt

på melankoliens himmel

Siv

Kun fugle kender Sulina

vejen til himlen

(åh gud)

bind mig til land

ikke til tiden

Craiova

Foran en rosenhave

i Craiova

jeg ser på verden

som en rød rose

jeg ser, hvem der forbliver inde i mig

når jeg ser på rosernes skønhed

-at jeg fodrer med jordens hjerte-

Vase

Der står tiden

som en massiv vase

hjertet fejer ødelagte stykker

under fødderne

det er svært at forstå denne sjæl fuld af forvirring

og denne verden, denne uorden

'kedsomheden inde i os

er stigende dødsfald

en Syrisk dreng bliver vasket i land

i Cizre er folk fyldt med blinde kugler

jeg kalder til min sjæl

ingen giver noget svar

Inde I Mystery

Jeg fandt dig

     ı mysterium

jeg er fortabt i dig

jeg er fortabt i dig

nu er stilhed min slægtning

nu er mit hjerte mit telt

jeg bliver drevet

på floden, der løber

     fra mine øjne til dine øjne

Tusindogennatsdigte

(Åh sød læser

bringe din lyserøde horisont

og link til min

(Da jeg er glad

når jeg skriver)

på den flyvende

tæpper

af ord)

Menstruation

Postfeminisme

Stilhed bliver til ord

dråbe for dråbe

jeg er en kvinde, en digter

i dette intethed

der slår min krop

ægget, der forlader min livmoder

hver måned

har en legende

i min krop

det har et spor

mit kvindelighed

min akilletå

min hund, der gøer hver måned

en mand kan ikke være digter

en mand kan være en pen til en digter

Orange

Når jeg skriver poesi

    jeg forbliver som en appelsin

        som klemmes

            helt alene med min skræl

jeg er frugtkødet

    af følelserne

        at bruge og smide mig væk

[en pakke appelsin, der er købt

fra basaren, skal de være

presset så længe de lever]

Kære Simona,

Mit hjerte er meget tungt, som om det er fyldt med sten og efterladt i havet. Nogle gange er en eller to sten faldende, når jeg er glad. Nogle gange siger jeg til mig selv, at jeg kommer til at blive knust under mit hjerte, som under en lastbil. Mit blod flyder ind i blækket. At skrive er et vidne for mig, selvom det ikke aflaster mig. Siden jeg blev født, er den ridsede radio i mit indre tændt.

det ser ud til, at der ikke blev blæst ind i mig

det virker, som om jeg krympede som en ballon

                                    gennemboret

[folk taler med enorme skyggefulde ord]

jeg vil gerne overlade min krop til en garderobe

som en brugt klud

-måske er jeg en enorm sky af fiasko-

måske jeg kan finde et middel

hvis jeg vrider mit hjerte og græder som et vasketøj

Verdens Vind

Du er under jorden

jeg er på jorden

med din krop, der er træt af at bære

denne verdens vind

-en sten midt i mit hjerte

har rullet uden stop-

jeg ved ikke, hvor du er blevet af

det eneste der er klart er det

       du er ikke her

Skrivens Fænomenologi

Nu er du her

    en tom side

        inviterende

skrivning

    -måske-

        på grund af begær

bare jeg er ikke klar

-dit opkald har jeg husket i et stykke tid-

ring til mig ring til mig

blækstrømmen

er et middel

for mine sår

Onani

Alle linjer i min krop

        vågner

som en drue

        jeg er fuld, jeg er sort

hvis du ikke har en mand

        at elske dig

lav mænd fra dine hænder

[fordi de alle

        forblive

ligesom broerne

    når til din krop

        og falder ned]

Denne Verden Er En Mand

Jeg er en kvinde

som denne enorme jord

    jeg er træløs

    måske lever jeg

    jeg er under jorden

    jeg er på hovedet

jeg trækker vejret

ikke så jeg bliver mere i denne verden

nogle gange går jeg til en mand

    -til intetheddenne verden er en mand

stærk, kujon, snyder

Sne

Snefnug

    slår mit vindue

kan lide dit billede

    slår mit sind

        ı gentagelse

        med al kulden

            af adskillelse

jeg ser det sne

din helbredende krop

er væk fra mig

jeg er alle dækket af dig

som dette hvide lag, der dækker jorden

elsk mig

　　så meget som dit hjerte rækker...

　　blæse min knude sjæl

　　med din søde ånde

Permanent Snak Med Den Elskede

Jeg åbnede mig for dig

som tænderne på

en lynlås

en efter en

jeg er knækket på midten

da du rørte ved mig

jeg så herligheden

af jorden

[i dine hænder

der er lidt

flyvende feer]

du så den søde

tomhed i mig

min krop

som snesmeltning

blandet med din krop

Oversvømmelsen

Mennesket vænner sig til alt

selv kniven stak på hans mave

de minutter stikkede som det knuste stykke af et glas

længsel er et vildt dyr på mig

i dagevis har jeg forsøgt at overleve

blandt hans kløer

denne ordre trætter mig

denne maskismo

jeg ville ønske, at en oversvømmelse kom og tog alt

jeg ville ønske, at den elskede blev

og hans blikke, der satte sig på mig

som sommerfugle

Æble

Gud satte grænser

mellem dig og mig

du kan ikke passere bag den linje

lige før denne linje er din

og han lagde en kikkert lavet af kød til din krop

og for min en lille hule

han havde adskilt os

med en skarp kniv

dit frø var tilbage i mig

min skræl blev efterladt i dig

nu hvor Gud adskilte os

hvorfor prøver han at forene igen

ved at tænde ild af lidenskab

                    ved vores fødder

Kærlighed

Jeg har en anden krop

uden for

       af mig

de kalder det

kærlighed

[men det er smerte]

hvis jeg havde båret dig i min krop

kun da ville jeg have følt din eksistens

       så meget

Længsel

Som du forbliver tavs

mine breve vokser sig store

begær, med sit friske pust,

blæser

selvom du er langt væk

rebet, der binder os

                        løsnes ikke

kom, lad os gå rundt

kærlighedens grænser

kom, passe ind i min krop

skub mig, sæt mig tilbage

åben plads for dig selv

(klæd min sjæl med din sjæl ..)

Tid

De opdeler vores tid til minutter, til timer

de skærer øjeblikket med kniv og adskiller

men hvor umådelig store ting mellem os
du er så meget unik, så meget komplet i mine øjne

       selvom vi bærer et dødeligt legeme

       -dog for lidt tid-

       guden bor på vores krop

Sukker

Halvdelen af min krop er jord

halvdelen af det er blod

halvdelen af min krop er i hænderne på en mand

halvdelen er i brand

sjælen

styrter på kroppens vægge

[først når du kommer, falder det til ro

min sjælsudsmykker, mit dagslys]

i min mund er småsten

jeg bliver lys, når jeg tømmer dem

jeg er som sådan jeg kom fra ingenting

dybt i mig selv

jeg har en tunge

-hvis den vidste, ville den forklare-

jeg smelter sukker i vand

mit vand er usynligt

Knude

Jeg føler mig svimmel

ved kærlighedens fornøjelser

ved kærlighedens pinsler

vi bliver en

hele vores liv

ved knuderne af kys

-kun det er muligt-

Stat

Mit hjerte smelter

når jeg tænker på dig

øjnene er ikke tilfredse med at se

heller ikke læberne med kysse

det er med dig

at øjnene føles sultne

det er med dig

at ørerne har appetit

i denne tilstand

af galskab

-altid-

jeg finder mig selv

[min elskede

min læge]

Arub

Skat

så du bliver i mig

       så du bliver

jeg tager dig ind

jeg vil gerne have dig

at være min krop

       [uden dig elendig

       uden dig uden skæbne

       med dig fuldendt

med dig velstående

din ydmyge tjener]

Arub betyder på Arabisk "Kvinde der elsker sin mand"

Knop

Hvordan en knop kommer ud på et træ

jeg vil gerne tage din knop ud

           fra min krop

jeg er forelsket i dig

jeg er i kæder

jeg er omgivet af de fire vægge af at ønske at se dig

i sult og tørst

jeg er lykkelig, når du er med mig

jeg er mindre end ingenting, når du er væk

Ligesom Vand

Som et blad, der svømmer på min sø

du kom efterhånden langt væk fra mig

jeg holdt dig

uden åndedræt

nu ser jeg hvilken vind

tager dig væk

- det var smukt at tegne dine billeder

på hver linje i et digt-

                    lad mig blive hældt bag dig som vand

lad mig blive hældt bag dig som vand

Kirsebærsten

Hvis den mand, du elsker

-som du holder inde i dit hjerte

                      som en kirsebærsten-

ønsker at forlade dig en dag

bare slå det

og vis

døren af dit hjerte

                  mennesket er et fantasme

                  at du selv skrev hans epos med din egen pen

Fastgør Mig

Være

inkluderet

i min krop

ligesom

fastgørelse af en knap

i et knaphul

fastgør mig

ind i

dig selv

Et Stykke Ild

Jeg er ikke en kvinde

jeg er ild

der går mod dig

der sluger dig

brænde i mig

lad din krops perle smelte

       jeg kan ikke være stille i min krop

       jeg kan ikke være stille i min krop

Kurv

Mit hjertes knogler

er ved at gå i stykker

kram mig

som en kurv

lad os blive vævet

Bryster

Hvad er meningen med mine bryster?

to buler på mig

eller to høje

der rækker ud til dit blik

-mine bryster er en magisk skål

hvor dine hænder smuldrede

og blev til støv-

en alkymi af varme

og blødhed

de har historier at fortælle dig

Vulva

Min krop

har bølger

       der absorberer

du er i en hvirvel

- uimodståelig-

(lad en bølge

slå dig og forlade dette)

synke som et stort vrag

i bunden

af min krop

eller som koraller

bliv inde i mig

© 2022 Müesser Yeniay
Forlag: BoD – Books on Demand, Hellerup, Danmark
Tryk: BoD – Books on Demand, Norderstedt, Tyskland
ISBN: 9788743047025